Die 12 Säulen des Naturrechts

Entwürfe für die Zukunft – Band 29

Kontakt: www.HarryEilenstein.de
Harry.Eilenstein@web.de
Harry Eilenstein bei youtube

Verlag: BoD · Books on Demand GmbH, Überseering 33, 22297 Hamburg, bod@bod.de
Druck: Libri Plureos GmbH, Friedensallee 273, 22763 Hamburg

ISBN: 978-3-8192-0922-2

Inhaltsübersicht

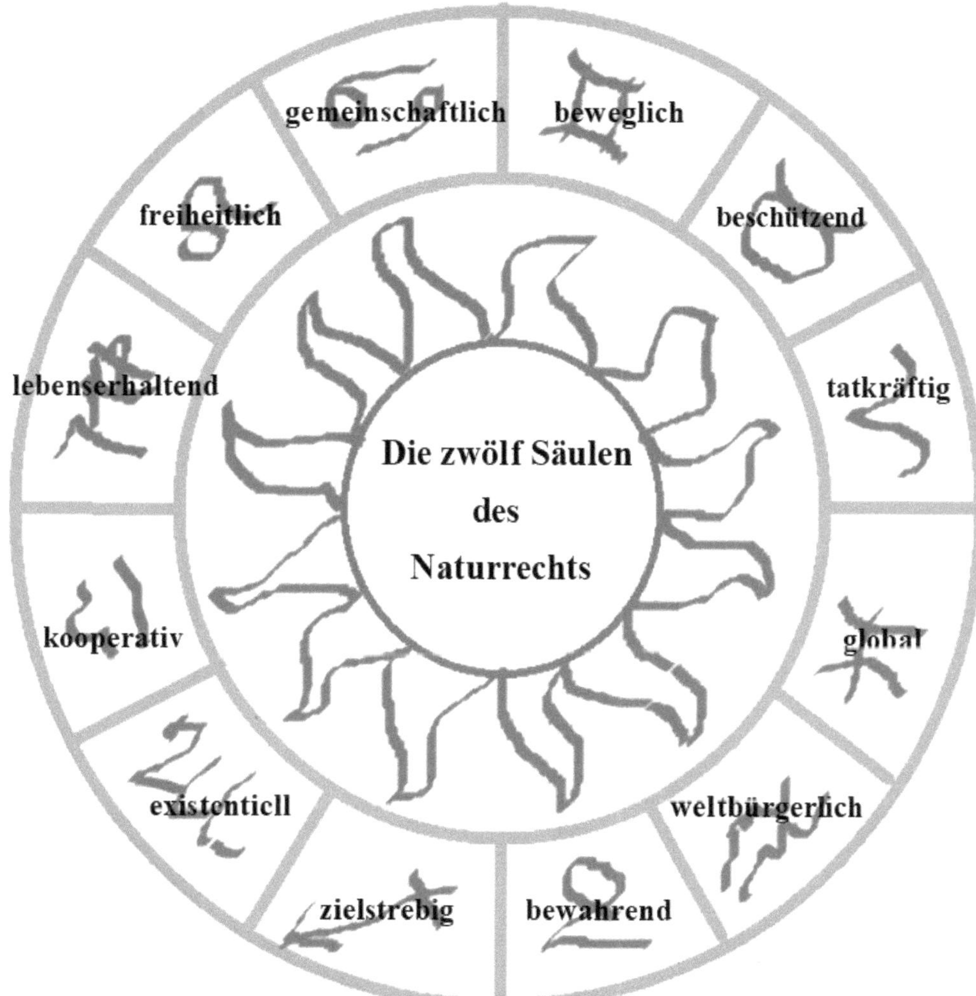

Warum 12?

Alle Bücher dieser Reihe haben genau 12 Kapitel – was sich ja auch in den Titeln dieser Bücher widerspiegelt. Warum?

In diesen Büchern wird der Tierkreis als Matrix von 12 verschiedenen Sichtweisen auf die Welt verwendet, um das Thema des Buches möglichst umfassend in 12 Kapiteln zu betrachten. Dadurch wird eine ausgewogenere, umfassendere und tiefere Einsicht in das jeweilige Thema erlangt als es ohne ein solches Raster, ohne eine solche Matrix möglich wäre.

Der Tierkreis wird in dieser Buch-Reihe als Forschungs-Hilfsmittel benutzt, durch das die Einseitigkeiten in der Betrachtung zumindest vermindert werden können. Weiterhin werden durch dieses Vorgehen diese 12 Sichtweisen auch als Ergänzungen zueinander, als organische Teile eines Ganzen deutlich.

Die Inspiration zu diesem Vorgehen stammt aus Hermann Hesses Roman „Das Glasperlenspiel", für das er 1946 den Literatur-Nobelpreis erhielt. In diesem Roman beschreibt er die öffentlichen Darstellungen von Übersichten und Gesamtbetrachtungen, die mithilfe von verschiedenen allgemeinen Strukturen wie z.B. dem Ba Gua aus dem chinesischen Feng-Shui angefertigt und aufgeführt werden.

Diese Buch-Reihe ist ein Versuch, Hesse's Idee im ganz Kleinen konkret zu verwirklichen.

Die Blickwinkel der 12 Tierkreiszeichen sind:

♈	Widder:	Spontaner
♉	Stier:	Genießer
♊	Zwilling:	Neugieriger
♋	Krebs:	Familienmensch
♌	Löwe:	Egozentriker
♍	Jungfrau:	Handwerker
♎	Waage:	Schöngeist
♏	Skorpion:	Tiefgründiger
♐	Schütze:	Idealist
♑	Steinbock:	Realist
♒	Wassermann:	Theoretiker
♓	Fische:	Träumer

1. Tatkräftig

♈

Ohne Tatkraft geschieht nichts. Also: Freiheit für die Tatkraft!
Doch Freiheit in einem geregelten Rahmen.

§ 1.1

Was ist Recht?

Es gibt die Ansicht, dass Recht lediglich feststehende Regeln bündelt, die aufgrund ihrer Rigidität unmöglich dafür geeignet sein können, das Verhalten in einer konkreten Situation sinnvoll zu regeln. Das, was sinnvoll zu tun ist, ergibt sich dieser Ansicht nach nicht aus starren Vorschriften, sondern nur aus dem Eingehen auf die ganz konkrete Situation. Dieser Ansicht nach braucht es ein Augenblicks-Recht, d.h. im Grunde genommen das fähige und die Probleme lösende Urteilsvermögen aller Betroffenen. Durch dies kann in jeder Situation das Bestmögliche entschieden und getan werden.

Dies ist der Ansatz, der Raum für die eigene Tatkraft schafft.

§ 1.2

Ist das so richtig und vollständig?

Wenn Recht so gesehen wird – wie zum Beispiel von Teilen der FDP – ergibt sich daraus, dass es letztlich kein allgemeinverbindliches Recht gibt, keinen regelnden Staat, sondern nur noch den Einzelnen, der nach bestem Wissen und Gewissen entscheidet. Dies ist der Ansatz, der ganz auf das Urteilsvermögen und den Willen des Einzelnen baut und der den Einfluss des Staates auf den Einzelnen immer weiter zurückdrängt. Der Einzelne soll wieder souverän über sein Leben und in seinem Leben entscheiden können.

§ 1.3

Das ist ein durchaus nachvollziehbarer Wunsch.

Doch daraus ergibt sich auch ein Nachteil: Wenn jeder für sich selber entscheidet, gibt es keine Regeln mehr für den Umgang miteinander, was zwangsläufig zu einem Recht des Stärkeren führt. Dies wird zwar nicht bewusst angestrebt, ist in einem weitgehend rechtsfreien Raum, in dem nur die Eigeninitiative zählt, jedoch eine unvermeidbare Auswirkung.

§ 1.4

Folglich führt dieser Ansatz noch nicht zu einem idealen Zustand in der Gemeinschaft.

Außerdem kann es bei einer solchen Rechtsauffassung keinerlei Rechtssicherheit geben, die jedoch für alle größeren Unternehmungen und auch für jeden Einzelnen notwendig ist. Ohne diese Rechtssicherheit weiß niemand, welche Folgen das eigene Handeln haben wird.

§ 1.5

Es ist abzusehen, dass die Abläufe in der Gemeinschaft bei diesem Rechts-Ansatz unplanbar, chaotisch und daher nur wenig effektiv sein werden – was nicht im Sinne der Gemeinschaft ist – und sehr wahrscheinlich auch nicht im Sinne von denen, die diesen Ansatz verfolgen.

Daher ist es notwendig, zumindest ein Minimum an allgemeingültigen Regeln festzulegen, an die sich jeder halten muss, da die Tatkraft des Einzelnen sonst bestenfalls ein Machtstreben sein kann, dass wahrscheinlich auch nicht vor Gewalt zurückschrecken wird.

§ 1.6.

Das ideale Recht – das hier „Naturrecht" genannt wird – sollte daher Raum für die Tatkraft schaffen, aber zugleich auch einen Rahmen schaffen, in dem sich alle mit ausreichender Sicherheit bewegen können.

Ein Problem an dieser Stelle besteht darin, dass mittlerweile Recht nicht mehr nur von Staaten erschaffen wird, sondern auch von multinationalen Konzernen dadurch, dass sie Verträge mit Staaten abschließen und diese Verträge dann ein auf die multinationalen Konzerne zugeschnittenes Recht außerhalb des Staats-Rechts sind.

2. Beschützend

♉

Ohne Schutz gedeiht nichts. Also: Bau von Schutzmauern!
Doch diese Mauern dürfen nicht isolieren, sondern sollen nur den
notwendigen Schutz geben.

§ 2.1

Was ist Recht?

Es gibt die Ansicht, dass das Recht die Einzelnen schützen sollte. Dies ist zweifellos auch eine Aufgabe des Rechts. Nach dieser Ansicht schützt das Recht den Leib, die Psyche, die Gesundheit, den Besitz und das allgemeine Wohlergehen des Einzelnen und somit auch der Gemeinschaft. Und wer wollte diesen Schutz missen?

Dies ist der Ansatz, der durch den Schutz des Einzelnen und der Gemeinschaft erst das Gedeihen des Einzelnen und der Gemeinschaft ermöglicht.

§ 2.2

Ist das so richtig und vollständig?

Wenn Recht so gesehen wird – wie zum Beispiel von Teilen der AfD – ergibt sich daraus, dass im Grunde alles „Fremde" und jeder „Fremde" erst einmal als eine Bedrohung gesehen wird, dass das Eigene, der Besitz, die Tradition, die Kultur, die Weltanschauung, der Gen-Pool des eigenen Volkes geschützt, d.h. gegen alles Fremde abgegrenzt werden muss. Nur so lässt sich das Eigene „unverfälscht" und „echt" bewahren. Das ist ein Bestreben, das zu allen Zeiten und an vielen Orten beobachtet werden konnte.

§ 2.3

Das ist ein durchaus nachvollziehbarer Wunsch.

Doch daraus ergibt sich auch ein Nachteil: Wenn der Schutz des Eigenen oberste Priorität hat, entsteht eine Isolation. Das bedeutet zum einen, dass man weniger Ressourcen zur Verfügung hat, weniger Anregungen von außen erhält, die Weiterentwicklung verlangsamt wird und es im Extremfall zu einer leiblichen und psychischen Inzucht kommt.

§ 2.4

Folglich führt dieser Ansatz noch nicht zu einem idealen Zustand in der Gemeinschaft.

Außerdem ist dieser Ansatz kaum durchsetzbar, da die Klimaerwärmung, das Artensterben, die Umweltverschmutzung, Kriege, die atomare Bedrohung und so weiter stets alle betrifft. Eine vollständige Isolation ist also nicht durchführbar. Zudem ist eine Abriegelung gegen das „Fremde" auch nur so weit durchführbar, wie man über die dazu notwendige wirtschaftliche und militärische Macht verfügt.

Man kann sich auch einmal die Frage stellen, wie man sich selber als Flüchtling fühlen würde, wenn man gerade andere Flüchtlinge abweist – das ist eine Frage, die eine Antwort braucht, die die Ursachen für die Flucht der Menschen beseitigt.

§ 2.5

Es ist abzusehen, dass die Abläufe in der Gemeinschaft bei diesem Rechts-Ansatz von Stagnation, Mangel, Isolation, Entfremdung vom Rest der Welt und nur wenig Weiterentwicklung geprägt sein werden – was nicht im Sinne der Gemeinschaft ist – und sehr wahrscheinlich auch nicht im Sinne von denen, die diesen Ansatz verfolgen.

Daher ist es notwendig, den Schutz nicht als oberstes Prinzip zu setzen, da der Schutz sonst zur Isolation führt, und den Schutz auch nicht vollkommen aufzugeben, da dies zu der Auflösung der eigenen Identität führen würde. Stattdessen sollte eine rechtlich abgesicherte "semipermeable Membran" zu erschaffen – so wie jede Zelle sie als Schutzhaut besitzt. Diese semipermeable Membran, also diese „intelligente Grenze" lässt alles durch, was förderlich ist, und hält alles draußen, was schädlich ist. Durch diesen „gelenkten Austausch" mit dem Außen kann das Innen gedeihen.

§ 2.6

Das ideale Recht – das hier „Naturrecht" genannt wird – sollte daher für den notwendigen Schutz sorgen, aber zugleich auch den gezielten Austausch mit dem Außen fördern.

An dieser Stelle gibt es das Problem, dass das Eigentum in der heutigen Rechtsprechung sozusagen das „Goldene Kalb" ist. Das Eigentum ist deutlich stärker geschützt als das Gemeinwohl – es gibt z.B. keine soziale Verpflichtung, die sich juristisch aus großem Reichtum ergibt.

Weiterhin werden durch diese Blickweise Menschen nur noch als „Wesen, die Eigentum besitzen oder erwerben" gesehen, also als Arbeiter und als Käufer. Das führt u.a. dazu, dass Menschen als Einzelwesen und nicht mehr als Gemeinschaften mit sozialem Zusammenhalt betrachtet werden.

Auch der Markt als Kausalität bzw. „Gott" der Wirtschaftsprozesse, der Politik und des gesamten Lebens ist auf das Eigentum ausgerichtet, da der Markt eben der Austausch der Waren nach dem Prinzip des meistbietenden, also des Mächtigsten ist.

Diese Eigentums-Zentrierung fördert sowohl Mangel als auch Gier und reduziert den Altruismus und den Gemeinschaftsgeist. Die Polarisierung hat keine Begrenzung, sondern steigert sich stets immer weiter. Der „amerikanische Traum", also die Möglichkeit für jeden Menschen, den Aufstieg vom Tellerwäscher zum Millionär zu schaffen, ist lediglich die Illusion des Wechsels von der Masse zur Elite, die das Bild einer Gerechtigkeit vorspiegeln soll – denn wer schafft das schon? Und sind wenige Reiche und viele arme denn überhaupt der Idealzustand? Dasselbe gilt für die Chancengleichheit, die nun einmal aufgrund von Herkunft, Sprache, Hautfarbe, Vermögen der Eltern usw. eben nicht gleich ist.

3. Beweglich

II

Ohne Beweglichkeit ist nichts möglich. Also: Freie Bahn für die Beweglichkeit!
Doch Beweglichkeit mit einer Anbindung an die Gemeinschaft.

§ 3.1

Was ist Recht?

Es gibt die Ansicht, dass das Recht für die vollkommene Freiheit des Einzelnen sorgen sollte, also für seine vollkommen selbstbestimmte Entscheidungsfreiheit, Handlungsfreiheit und Beweglichkeit. Das Recht sollte also freiheitliche – liberale, libertäre, anarchistische – Rahmenbedingungen schaffen. In diesem Rahmen kann sich der Einzelne dann frei bewegen und die Gemeinschaft wird lediglich in ganz grundlegenden Dingen geregelt: durch eine minimale Steuerbelastung, durch die dann zum Beispiel die Straßen gebaut werden, sowie durch eine minimale „Bevormundung" zum Beispiel durch eine Straßenverkehrsordnung – obwohl die Regeln im Straßenverkehr durchaus auch schon als eine Einschränkung der eigenen Freiheit empfunden werden können.

Dies ist der Ansatz, der die Beweglichkeit als höchstes Prinzip ansieht und durch diese Beweglichkeit die optimale Selbstentfaltung jedes Einzelnen zu erreichen trachtet.

§ 3.2

Ist das so richtig und vollständig?

Wenn Recht so gesehen wird – wie zum Beispiel von Teilen der Republikaner in den USA – ergibt sich daraus, dass von diesem Ansatz her jede Einschränkung der eigenen Wahl und der eigenen Bewegungsfreiheit abgelehnt wird, da sie ja den eigenen

Selbstausdruck, die eigene Neugier, das eigene Erlebnispotential und die eigenen Taten einschränkt.

§ 3.3

Das ist ein durchaus nachvollziehbarer Wunsch.

Doch daraus ergibt sich auch ein Nachteil: Wenn das Verfolgen des eigenen Weges das oberste Prinzip ist – also die vollkommene Ausrichtung auf die eigenen Ziele – ergibt sich daraus, dass es durchaus in Ordnung ist, einem Ertrinkenden kein rettendes Seil zuzuwerfen, weil man dann möglicherweise den Abschluss eines lukrativen Vertrages verpassen würde. Den Tatbestand der unterlassenen Hilfeleistung gäbe es in einem solchen Rechtssystem nicht.

§ 3.4

Folglich führt dieser Ansatz noch nicht zu einem idealen Zustand in der Gemeinschaft.

Außerdem wird eine extreme Betonung dieses Ansatzes dazu führen, dass die Einzelnen vereinsamen werden, da zwischenmenschliche Bindungen eben als „Bindungen" und somit als „Fesseln" angesehen werden. Die vollständige Beweglichkeit führt zur Bindungslosigkeit ... „Freie Fahrt für freie Bürger!"

§ 3.5

Es ist abzusehen, dass die Abläufe in der Gemeinschaft bei diesem Rechts-Ansatz zu Vereinzelung und zu Unberechenbarkeit und somit auch zu einem hohen Maß an Ineffektivität führen werden – was nicht im Sinne der Gemeinschaft ist – und sehr wahrscheinlich auch nicht im Sinne von denen, die diesen Ansatz verfolgen.

Daher ist es notwendig, zwar die freie Beweglichkeit und auch die Vielfalt zu fördern, aber gleichzeitig auch Grenzen zu setzen und ein Mindestmaß an Gemeinschaftssinn zu etablieren und rechtlich vorgeben – wie zum Beispiel gegenseitige Hilfe in Notlagen – da die freie Beweglichkeit sonst zu einem Zerfallen der Gemeinschaft führen würde.

§ 3.6

Das ideale Recht – das hier „Naturrecht" genannt wird – sollte daher Raum für die Beweglichkeit schaffen, aber zugleich auch für den Zusammenhalt der Gemeinschaft sorgen.

4. Gemeinschaftlich

♋

Ohne die Familie gibt es keinen Rückhalt. Also: Die Familie muss geschützt werden!
Doch dieser Schutz darf nicht zum Kerker für die Individualität werden.

§ 4.1

Was ist Recht?

Es gibt die Ansicht, dass die Familie, die Sippe und das Volk die drei traditionellen Schutzräume und die Heimat der Menschen sind und daher geschützt werden müssen. Auf dem Schutz der Familie – vorzugsweise vor einem traditionellen kulturellen Hintergrund – wird dann das ganze Weltbild und auch das politische Verhalten aufgebaut.

Dies ist der Ansatz, den die „Wir-Gruppe" als oberstes Prinzip ansieht. Dadurch wird die eigene Sippen-Identität und manchmal auch die Volks-Identität zu dem Halt in einer Welt, die als von Fremden und Feinden und verschiedenen Bedrohungen um geben wahrgenommen wird. Dieser Ansatz führt oft zu einer gewissen Starre in der Weltanschauung und zu einem erhöhten Maß an Intoleranz gegenüber Andersdenken und Anderslebenden. Eine solche Haltung gab es zum Beispiel in Großbritannien während seiner Spätzeit als Kolonialmacht, in der diese Haltung als „splendid isolation" bezeichnet worden ist.

§ 4.2

Ist das so richtig und vollständig?

Wenn Recht so gesehen wird – wie zum Beispiel von Teilen der CDU/CSU und als Extremfall auch bei der früheren NSdAP – ergibt sich daraus, dass die Familie und das Volk der Anker im Trubel der als bedrohlich erlebten Vielfalt des Lebens sind.

§ 4.3

Das ist ein durchaus nachvollziehbarer Wunsch.

Doch daraus ergibt sich auch ein Nachteil: Zur Absicherung des Wir-Gefühls muss sich die Wir-Gruppe gegen die anderen schützen und muss im Extremfall die anderen sogar auslöschen – wie bei der Judenverfolgung in der Nazi-Zeit, in der das Volk und die Familie geradezu heiliggesprochen worden sind.

§ 4.4

Folglich führt dieser Ansatz noch nicht zu einem idealen Zustand in der Gemeinschaft.

Außerdem entsteht durch dieses Familien- und Volk-zentrierte Recht eine große Starre und Enge und ein festes Wertesystem, aus dem der Einzelne nicht mehr ausscheren kann und darf – und vielleicht auch gar nicht mehr will.

Im Extremfall führt das zur staatlichen Bevormundung bis hin zur „Gleichschaltung" wie im Dritten Reich oder zur völligen staatlichen Kontrolle wie z.B. in Nordkorea oder in dem Sozialkredit-System in China.

§ 4.5

Es ist abzusehen, dass die Abläufe in der Gemeinschaft bei diesem Rechts-Ansatz starr, geregelt, eng und in hohem Masse kontrolliert sein werden – was vielleicht eine Zeitlang von der Gemeinschaft geduldet werden wird, aber schließlich zu einem Aufstand führen wird. Dieser Ansatz ist nur im Sinne von denen, die diese Gesetze festlegen, und von denen, die von sich aus genau dasselbe Wertesystem und dasselbe Verhalten haben wie das, was in diesen Gesetzen vorgeschrieben wird.

Daher ist es notwendig, diese weltanschauliche Festlegung nicht zu rigide werden zu lassen, da das dadurch entstehende Gefühl der Geborgenheit in Familie, Sippe und Volk sonst zu einem Gefängnis wird, da dieses Geborgenheitsgefühl – das ein Grundbedürfnis fast aller Menschen ist – sonst durch die Starre und Enge und Ausschließlichkeit zerstört wird.

§ 4.6

Das ideale Recht – das hier „Naturrecht" genannt wird – sollte daher Raum für die Geborgenheit im Vertrauten schaffen, aber dabei zugleich auch Raum für andere Ansichten, Lebensformen und Kulturen bereitstellen und auch diese schützen.

5. Freiheitlich

 particular symbol

Ohne Egoismus geschieht nichts. Also: Freiheit für das Individuum!
Doch niemand lebt allein, weshalb auch die Gemeinschaft geschützt werden
muss.

§ 5.1

Was ist Recht?

Es gibt die Ansicht, dass die Freiheit des Individuums und seine freie Entfaltung ein naturgegebenes Recht ist. Dieses Recht wird in der Regel als selbstevident und nicht weiter begründbar angesehen. In den meisten Fällen wird es auch als über dem staatlichen Recht stehend betrachtet. Dieser Ansatz betont die Selbstverantwortung des Einzelnen, der in erste Linie zu seiner eigenen Überzeugung stehen muss und sich nicht anpasst.

Dies ist der Ansatz, der die Freiheit des Individuums und seine Selbstentfaltung über alles andere stellt und dadurch das optimale Wohlergehen aller Einzelnen zu erreichen trachtet.

§ 5.2

Ist das so richtig und vollständig?

Wenn Recht so gesehen wird – wie zum Beispiel von Teilen der sogenannten „Reichsbürger", aber auch vielen liberal eingestellten Parteien – ergibt sich daraus, dass der Staat nur eine „Nachtwächterfunktion" hat. Die sich daraus ergebende Wirtschaftsform ist die (vollkommen) Freie Marktwirtschaft.

§ 5.3

Das ist ein durchaus nachvollziehbarer Wunsch.

Doch daraus ergibt sich auch ein Nachteil: Wenn die Selbstverwirklichung das oberste Rechtsprinzip ist, kann sich der am besten selbstverwirklichen, der die meiste Macht erringen kann. Das führt zwangsläufig zur Monopolbildung, zu Diktaturen, Parteidiktaturen, real herrschendem Königtum, monotheistischen Religionen mit einem dominanten Machtanspruch und anderen Formen des Totalitarismus. Die hemmungslose Selbstverwirklichung führt somit dazu, dass letztlich nur ein einziger – eben der Mächtigste – sich selber verwirklichen kann und alle anderem ihm untergeordnet sind.

§ 5.4

Folglich führt dieser Ansatz noch nicht zu einem idealen Zustand in der Gemeinschaft.

Außerdem gibt es kaum Menschen, für die ein Leben in Einsamkeit oder nur mit Untergebenen wirklich die Erfüllung aller Wünsche ist. Zudem ist das Bestreben, diese Freiheit des Einzelnen gesetzlich zu regeln, absurd, denn dies kann nur in der Form von allgemeinen Menschenrechten geschehen, die dann jedoch nicht nur die Freiheit des Einzelnen, sondern eben auch die Freiheit aller anderen schützen und folglich den Einzelnen auch wieder einschränken.

Dieser Ansatz muss also die Menschenrechte vermeiden und ganz auf die eigene Macht setzen. Es stellt sich auch die Frage, bis wohin die Gesetze reduziert werden sollen, um nicht die Selbstentfaltung des Einzelnen einzuschränken: Keine Steuern? Keine Verbote? Gilt Diebstahl als Vergehen? Ist Sklaverei erlaubt? Ist Mord strafbar? Es wäre eine Rückkehr zur Wildnis und zum Recht des Stärkeren – oder zu der Form des Rechts, die von dem Mächtigsten festgelegt wird, sei dies nun ein König (Königs-Recht), ein Diktator (Autokratie) oder die Verkündigung einer monotheistischen Religion (religiöses Recht).

§ 5.5

Es ist abzusehen, dass die Abläufe in der Gemeinschaft bei diesem Rechts-Ansatz Macht-bezogen, kämpferisch, kriegerisch und einsam sein werden – was nicht im Sinne der Gemeinschaft ist – und sehr wahrscheinlich auch nicht im Sinne von denen, die diesen Ansatz verfolgen.

Daher ist es nicht sinnvoll, die Gesetze und die individuelle Freiheit als einziges höchstes Rechtsgut festzulegen, da diese Freiheit sonst für die Gemeinschaft zerstörerisch wird. Somit sind die Menschenrechte notwendig, um für die Freiheit des Einzelnen eine Grenze gegenüber der Freiheit der anderen zu setzen, damit auch alle anderen ein Mindestmaß an Freiheit und Selbstbestimmung behalten. Diese Haltung führt in den meisten Fällen zu der Wirtschaftsform der Sozialen Marktwirtschaft.

§ 5.6

Das ideale Recht – das hier „Naturrecht" genannt wird – sollte daher Raum für die Selbstentfaltung sichern, aber zugleich auch einen Schutz für die Schwächeren schaffen, damit die Selbstentfaltung nicht zur Brutalität wird. Es wäre auch eine allgemeine Förderung der Selbsterkenntnis wünschenswert, damit ein erfülltes Leben nicht mit Allmacht verwechselt wird.

6. Lebenserhaltend

ﬀ

Ohne Fortschritt wird nichts besser. Also: Wirtschaftswachstum!
Doch erst der Blick auf das Notwendige und die möglichen Folgen macht
Fortschritt sinnvoll.

§ 6.1

Was ist Recht?

Es gibt die Ansicht, dass das Anstreben des allgemeinen Wohlstandes die Grundlage der Gesetzgebung sein sollte. Dadurch würde das Wirtschaftswachstum angekurbelt, wovon letztlich alle profitieren. Das Ziel ist eine möglichst uneingeschränkte Konsum-Möglichkeit.

Dies ist der Ansatz, der auf die ungehemmte Produktion, also auf Wirtschaftswachstum ausgerichtet ist und dadurch den allgemeinen Wohlstand erhöhen will.

§ 6.2

Ist das so richtig und vollständig?

Wenn Recht so gesehen wird – wie zum Beispiel von Teilen der FDP und der CDU/CSU – ergibt sich daraus, dass der Staat vor allem die Unternehmer fördern sollte, um die Produktion von möglichst vielen Waren sicherzustellen, ohne die es nach dieser Ansicht keinen allgemeinen Wohlstand gibt.

§ 6.3

Das ist ein durchaus nachvollziehbarer Wunsch.

Doch daraus ergibt sich auch ein Nachteil: Der Wohlstand wird sehr ungleich verteilt,

wenn es hier keine staatliche Regelung gibt, d.h. es gibt wenige Reiche und sehr viele
Arme. Das führte zu dem marxistischen Ansatz der Zentralen Planwirtschaft, die
jedoch den Nachteil hat, dass in ihr die Eigeninitiative der Einzelnen kaum genutzt
wird – die jedoch in einer Fabrik in der Freien Marktwirtschaft auch nicht viel Raum
hat. Ein zweiter Punkt ist, dass ungehemmtes Wirtschaftswachstum auch zu der
heutigen Überbevölkerung, der Umweltzerstörung und der Klimakrise geführt hat.

§ 6.4

Folglich führt dieser Ansatz noch nicht zu einem idealen Zustand in der Gemeinschaft.

Außerdem führt der Ansatz, der ein maximales Gesamtwohl der Bevölkerung
anstrebt, auch zu Extremen: Würde man das Gemeinwohl zum obersten Prinzip
erklären, müsste es rechtens sein, einen Gesunden zu töten und mit seinen Organen
zwanzig Kranke zu retten, denn ein Toter ist besser als zwanzig Tote. Auch dieser
Ansatz ist als Motivation notwendig, aber auch er darf nicht der einzige Maßstab für
die Rechtsprechung sein.

§ 6.5

Es ist abzusehen, dass die Abläufe in der Gemeinschaft bei diesem Rechts-Ansatz –
wenn er konsequent verfolgt wird – entweder nur die Unternehmer fördern oder das
Gesamtwohl über alles andere stellen und die Individualität drastisch einschränken
wird – was beides nicht im Sinne der Gemeinschaft ist – und sehr wahrscheinlich
auch nicht im Sinne von denen, die diesen Ansatz verfolgen.

Daher muss der Blick auf den Wohlstand durch Sachkenntnis, die Analyse aller
Möglichkeiten, die Forschung und die Berücksichtigung der Selbstbestimmung des
Einzelnen ergänzt werden, da sonst die Produktion, die dem Wohlstand dienen soll,
die Lebensgrundlage der Menschen zerstören würde …

§ 6.6

Das ideale Recht – das hier „Naturrecht" genannt wird – sollte daher Raum für die

Produktion und den Fortschritt schaffen, aber zugleich auch die ökologischen und sozialen Notwendigkeiten berücksichtigen, da das ungehemmte und rücksichtslose Wirtschaftswachstum sonst zur Zerstörung der Erde und der Menschheit führen würde anstatt lebensfördernd zu sein. Man ist im „Naturrecht" also ständig dazu gezwungen, mehrere Prinzipien und Ziele zu formulieren, deren Wichtigkeit in einem konkreten Fall dann beurteilt und abgewogen werden muss – womit ein stark individuelles Element in das Recht gelangt. Dies ist der schon seit langem bestehende Streit zwischen Liberalen und Sozialisten.

7. Kooperativ

♎

Ohne Gemeinschaft gelingt nichts. Also: Gleiches Recht für alle!
Doch ein allgemeines Gleichmachen wäre zerstörerisch.

§ 7.1

Was ist Recht?

Es gibt die Ansicht, dass alle gleich und gleichberechtigt und vor dem Recht gleich sind. Dieser Ansatz betrachtet den Mangel als Hauptursache von Kriegen, weshalb dieser Ansatz auch als das Mittel zum Beenden aller Kriege und als Garant für ewigen Frieden angesehen wird. Dieser Gleichheits-Ansatz impliziert auch die bekannte Maxime „Was Du nicht willst, das man Dir tu', das füg auch keinem anderen zu." Aus diesem Ansatz ergibt sich auch die Einsicht, dass die Kooperation effektiver ist als die Konkurrenz. Weiterhin ergibt sich aus diesem Ansatz auch die Suche nach einem auf der Kooperation beruhenden Wirtschaftssystem und ebenso nach einem auf Kooperation beruhendem Regierungssystem. Die Demokratie beruht jedoch auf der Konkurrenz zwischen den Parteien, die häufig zu einem heftigen Kampf zwischen den Parteien statt zu einer gemeinsamen Lösung der Probleme führt. Das hier vertretene Gleichheits-Prinzip beinhaltet auch die Einsicht, dass wir in der heutigen Lage auf der Erde „alle in einem Boot sitzen".

Dies ist der Ansatz, der die Förderung der Kooperation als oberstes Rechts-Prinzip ansieht – das aus sich heraus auch zwangsläufig ökologisch ist.

§ 7.2

Ist das so richtig und vollständig?

Wenn Recht so gesehen wird – wie zum Beispiel von Teilen der Grünen – ergibt sich daraus, dass der Erhaltung des Lebens auf der Erde durch das Einhalten von Grenzwerten, durch neue Technologien und durch internationale Kooperation alle anderen

Werte und Ziele untergeordnet werden müssen.

§ 7.3

Das ist ein durchaus nachvollziehbarer Wunsch.

Doch daraus ergibt auch sich ein Nachteil: Die Freiheit des Einzelnen wird durch die Grenzwerte, durch die Verbote von schädlichen Technologien und evtl. auch durch die Umverteilung von extremem Reichtum stark eingeschränkt, was naturgemäß zu heftigem Widerstand führt. Es stellt sich auch die berechtigte Frage, wie lange eine allgemeine Gleichheit bestehen bleiben würde, wenn sie tatsächlich einmal hergestellt worden wäre.

§ 7.4

Folglich führt dieser Ansatz noch nicht zu einem idealen Zustand in der Gemeinschaft.

Außerdem gibt es derzeit noch – selbst dann, wenn eine rechtliche Gleichheit gesetzlich festgelegt ist – durch die sehr verschieden große Macht und den sehr unterschiedlichen Reichtum der Einzelnen de facto eine rechtliche Ungleichheit, da Reiche deutlich mehr Möglichkeiten haben, ihren Willen innerhalb des rechtlichen Rahmens oder notfalls auch gegen die Gesetze durchzusetzen.

§ 7.5

Es ist abzusehen, dass die Abläufe in der Gemeinschaft bei diesem Rechts-Ansatz, also bei der Durchsetzung der Gleichheit von allen einschließlich des gleichen Reichtums aus den verschiedensten Gründen zu heftigem Widerstand führen werden – was nicht im Sinne der Gemeinschaft ist – und sehr wahrscheinlich auch nicht im Sinne von denen, die diesen Ansatz verfolgen. Das, was hier am dringendsten gebraucht wird, ist die Einsicht in Zusammenhänge und in die Folgen des eigenen Handelns oder Nicht-Handelns – sowie der konsequenten Umsetzung der eigenen Einsichten. Man könnte dies einen „weitsichtigen Egoismus" nennen.

Daher muss die Gleichheit durch Individualität – also Freiheit – sowie durch Brüderlichkeit – also Kooperation – ergänzt werden, da sonst die erzwungene allgemeine Gleichheit zu einem Kerker werden würde.

§ 7.6

Das ideale Recht – das hier „Naturrecht" genannt wird – sollte daher Raum für eine grundlegende Gleichberechtigung und Gleichheit schaffen, aber zugleich auch Raum für Individualität lassen und die allgemeine Kooperation anregen.

ID 03

8. Existentiell

♏

Das Notwendigste muss als Erstes getan werden. Also: Konsequenz!
Doch Konsequenz ohne Rücksichtnahme kann zur Grausamkeit werden.

§ 8.1

Was ist Recht?

Es gibt die Ansicht, dass Recht das Erreichen des allgemein Notwendigen sicherstellen soll. Bei der Befolgung dieses Ansatzes werden zukünftige Gefahren abgewehrt noch bevor sie zu ernsthaften Bedrohungen werden können. Dieser Ansatz erfordert Weitsicht und die Einsicht in die großen Zusammenhänge. Dieser Ansatz sorgt dafür, dass die, die diese Informationen und außerdem auch noch die nötige Einsicht und Weitsicht haben, auch die Macht haben müssen, entsprechend ihrer Einsicht für die gesamte Gemeinschaft zu handeln.

Dies ist der Ansatz, der die Einsicht von „Weisen" – in den meisten Fällen wahrscheinlich Wissenschaftler – in die existentiellen Notwendigkeiten als Grundlage für das sinnvolle Handeln nimmt und ihnen daher eine große rechtliche und finanzielle Macht gibt, um die anstehenden Probleme zu lösen. Dies kann zum Beispiel auch der bei Politikern beliebte Sachverständigen-Rat sein.

§ 8.2

Ist das so richtig und vollständig?

Wenn Recht so gesehen wird – wie zum Beispiel von Teilen der meisten demokratischen Parteien – ergibt sich daraus, dass die Wissenschaftler einen großen Einfluss haben und viele Entscheidungen maßgeblich mitbestimmen. Dies ist vor allem in Zeiten von unerwarteten Krisen der Fall – wie zum Beispiel während der Corona-Krise.

§ 8.3

Das ist ein durchaus nachvollziehbarer Wunsch.

Doch daraus ergibt sich auch ein Nachteil: Es wird fast immer zwischen verschiedenen Einschätzungen abgewogen werden müssen, da eine vollständige Einigkeit eher selten ist. Während dies bei der Einschätzung der Lage noch denkbar ist, besteht bei den als sinnvoll und notwendig erachteten Maßnahmen bei den Politikern nur sehr selten Einigkeit. Weiterhin erfordert das sinnvolle Verhalten in Krisenzeiten das Ideal eines Politikers, der das Notwendige und Sinnvolle über seinen eigenen Ruf stellt und der auch bereit ist, den Menschen auch die unangenehmen, aber notwendigen Neuorientierungen und Verwandlungen zuzumuten.

§ 8.4

Folglich führt dieser Ansatz noch nicht zu einem idealen Zustand in der Gemeinschaft.

Außerdem sind viele Probleme nicht durch einen Einzelnen, eine Organisation oder einen Staat lösbar, sondern nur gemeinsam von allen Menschen. Über die Existenz von kollektiven, globalen Problemen besteht jedoch keineswegs Einigkeit zwischen allen Staaten – und schon gar nicht über deren Wichtigkeit und Dringlichkeit oder gar über die zur Lösung notwendigen Maßnahmen. Ganz besonders schwierig sind Themen wie die Überbevölkerung, deren bloße Erwähnung die meisten Politiker schon strikt vermeiden. Über die Klimakrise wird zwar viel geredet, aber viel zu wenig getan. Und bis es zu einer Lösung der Probleme kommt, die die immer weiter wachsende Migration verursachen, wird es wohl noch einige Zeit dauern.

§ 8.5

Es ist abzusehen, dass die Abläufe in der Gemeinschaft bei diesem Rechts-Ansatz leider aufgrund der Trägheit der Allgemeinheit nur in totalitären Systemen eine Chance auf eine schnelle Umsetzung haben werden – was nicht im Sinne der Gemeinschaft ist – und sehr wahrscheinlich auch nicht im Sinne von denen, die diesen Ansatz verfolgen.

Daher wird die Ergänzung des „globalen Blicks" durch die Förderung der Einsicht bei der Allgemeinheit notwendig, da sonst die notwendigen Schritte von anderen Parteien oder Interessensgruppen blockiert werden.

§ 8.6

Das ideale Recht – das hier „Naturrecht" genannt wird – sollte daher Raum für die notwendigen Handlungen schaffen, aber zugleich diplomatisch vorgehen, da sonst das „Naturrecht" nicht zu einem von der großen Mehrheit befürworteten „Globalrecht" werden kann, das wirklich der Lösung globaler Krisen dient.

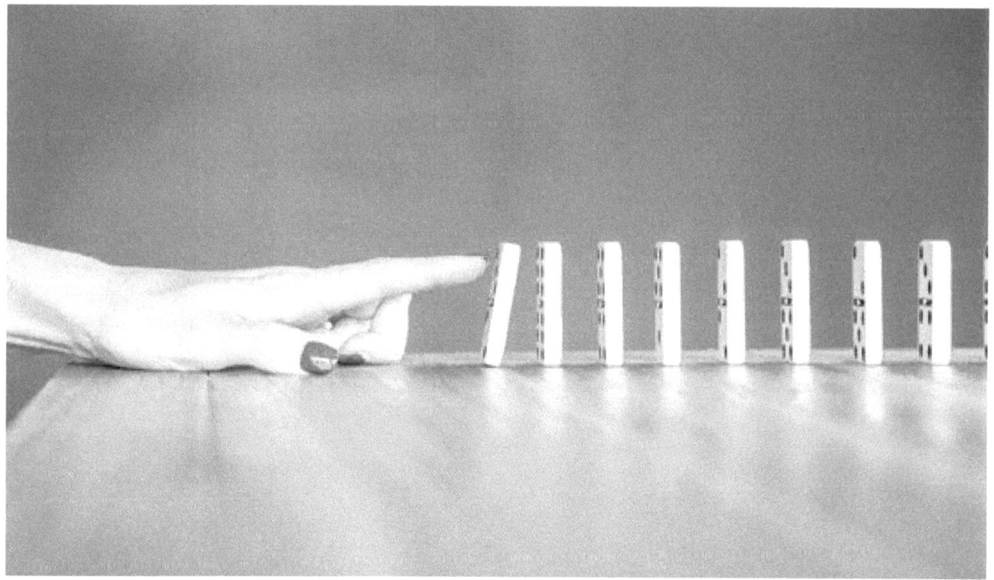

9. Zielstrebig

Ohne Ziele kommt keine Handlung in Gang. Also: Idealismus!
Doch sinnvoller Idealismus braucht tiefe Wurzeln in der Allgemeinheit.

§ 9.1

Was ist Recht?

Es gibt die Ansicht, dass das Recht das Gute für alle sichern soll. Dabei stellt sich natürlich die Frage, was dieses „Gute" ist. Darüber besteht in der Regel Uneinigkeit – und ebenso über die Schritte, die zum Erreichen dieses Zieles notwendig sind. Es ist also die Begeisterung einer Mehrheit für ein bestimmtes Ziel erforderlich.

Dies ist der Ansatz, der die Verwirklichung eines Ideals anstrebt. Das bedeutet, dass das Recht von diesem Ideal abgeleitet wird: Was das Erreichen dieses Ideals fördert, ist rechtens; was es behindert, ist unrecht und muss geändert werden; was es nicht beeinflusst, ist uninteressant und wird nicht weiter beachtet. Man könnte dies ein „zielorientiertes Recht" nennen. Dieses Recht ist im Grunde die Sicht der Exekutive und nicht die Sicht der Legislative und auch nicht der Judikative: Es soll etwas erreicht werden und die Gesetze sollen diesem Ziel angepasst werden.

§ 9.2

Ist das so richtig und vollständig?

Wenn Recht so gesehen wird – wie zum Beispiel von Teilen der Kanzler, Präsidenten, Parteivorsitzenden und ähnlichen – ergibt sich daraus, dass das Recht eigentlich nur ein Werkzeug zur Umsetzung der Ziele ist und manchmal auch zur Lenkung des Volkes. Der Extremfall dieser Art von Recht findet sich bei real herrschenden Königen und bei Diktatoren. Ziel und Charisma dieses Ansatzes liegen in der Handlungsfähigkeit und in der Problemlösung durch einen „Macher", durch einen „starken Mann".

§ 9.3

Das ist ein durchaus nachvollziehbarer Wunsch.

Doch daraus ergibt sich auch ein Nachteil: Die Macht wird sehr stark in einer Person konzentriert, was bedeutet, dass alles von den Absichten und den Fähigkeiten dieser Person abhängt.

§ 9.4

Folglich führt dieser Ansatz noch nicht zu einem idealen Zustand in der Gemeinschaft.

Außerdem gelangen meistens die Menschen an die Macht, die nach Macht streben und die entweder ein Geschick mit der „Werbung für sich selber" haben oder die eine große Durchsetzungskraft besitzen. Das sind jedoch nicht unbedingt die Menschen, die das Gesamtwohl im Blick haben – und sie haben auch nicht unbedingt die Folgen für unsere Kinder, Enkel und Urenkel im Blick. Zudem könnte es sein, dass die derzeit anstehende globale Veränderung nicht von einem Einzelnen durchgeführt werden kann, sondern dass sie eine «Graswurzel-Revolution» ist.

§ 9.5

Es ist abzusehen, dass die Abläufe in der Gemeinschaft bei diesem Rechts-Ansatz bestenfalls sehr individuell und schlechtestenfalls sehr egozentrisch sein werden – was nicht im Sinne der Gemeinschaft ist – und sehr wahrscheinlich auch nicht im Sinne von denen, die diesen Ansatz verfolgen.

Daher muss dieses „Exekutive-orientierte Recht" durch Maßnahmen, die das Allgemeinwohl in den Vordergrund stellen, korrigiert werden können, da sonst der möglicherweise in Einzelfällen tatsächlich vorhandene Idealismus nicht zu Ergebnissen führen wird, die das Allgemeinwohl fördern.

§ 9.6

Das ideale Recht – das hier „Naturrecht" genannt wird – sollte daher Raum für idealistische Handlungen und tatkräftige Veränderungen schaffen, aber zugleich dafür sorgen, dass die angestrebten Ziele auch wirklich das Allgemeinwohl erhalten oder verbessern.

10. Bewahrend

Ohne Beständigkeit gibt es nur den Verfall. Also: Das Wertvolle bewahren!
Doch die Beständigkeit darf nicht den notwendigen Wandel behindern.

§ 10.1

Was ist Recht?

Es gibt die Ansicht, dass das Recht die Tradition aufrechterhalten sollte. Eine nah verwandte Rechtsauffassung ist, dass sich das Recht auf sachliche Weise um Notwendigkeiten kümmern sollte, wie zum Beispiel die Einhaltung der Menschenrechte und der Grenzwerte und das Achten auf Nachhaltigkeit. Daraus ergibt sich in der Regel eine „Technokraten-Regierung", die sich um das Notwendige kümmert, aber keine größeren Veränderungen herbeiführt. In den meisten Fällen ist diese Rechtsauffassung sehr konservativ, d.h. sie ist darum bemüht, den Status Quo zu erhalten bzw. die Lage der Menschen innerhalb des beibehaltenen Systems zu verbessern.

Dies ist der Ansatz, der das bereits Bestehende als das bewährte Gute zu erhalten trachtet und der ein großes Maß an Beständigkeit in jeden Staat bringt.

§ 10.2

Ist das so richtig und vollständig?

Wenn Recht so gesehen wird – wie zum Beispiel von Teilen der Vertreter des englischen Gewohnheitsrechts oder der konservativen Parteien – ergibt sich daraus, dass es zunächst einmal um die Erhaltung des „bewährten Alten" geht und man allen Veränderungen zunächst einmal skeptisch gegenübersteht. Als Maximen dienen bei dieser Rechtsauffassung die Sätze „Führe keine unnötigen Veränderungen durch.", „Tue nichts, was die folgenden 10 Generationen belasten könnte." und „Prüfe, bewahre und nutze, was Dir Rückhalt gibt."

§ 10.3

Das ist ein durchaus nachvollziehbarer Wunsch.

Doch daraus ergibt sich auch ein Nachteil: Zum einen sind oft unangenehme Veränderungen notwendig, zum anderen besteht oft keine Einigkeit über das, was bewahrt und was ausgebaut oder vermindert werden soll, und zum dritten ist das Miteinander von Parteien und noch mehr das Miteinander der Staaten oft wie die „Harmonie" auf einem Schulhof ohne Aufsicht.

§ 10.4

Folglich führt dieser Ansatz noch nicht zu einem idealen Zustand in der Gemeinschaft.

Außerdem ist es schwierig, eine ganz bestimmte Regel, die sich aus der Haltung der „Bewahrung des Guten" ergibt, auch wirklich durchzusetzen: das Verursacherprinzip. Dieses Prinzip besagt ganz schlicht, dass derjenige, der einen Schaden anrichtet, ihn auch wieder beheben muss. Das ist schon innerhalb eines Staates zum Beispiel bei Industrie-Delikten schwierig, aber das Verursacherprinzip auch in globalen Zusammenhängen durchzusetzen, ist ein sehr großes Problem – schon weil auch hier in der Regel keine Einigkeit besteht. Weiterhin kann der Einfluss des Staates sehr groß werden, wenn die konservative Bewahrung des Althergebrachten ein zentraler Wert in der Rechtsprechung ist. Der Staat geht dann schnell über seine Aufsichtsfunktion hinaus und setzt sehr enge Grenzen bezüglich des Erlaubten,

§ 10.5

Es ist abzusehen, dass die Abläufe in der Gemeinschaft bei diesem Rechts-Ansatz sehr starr, bewahrend und zudem bei neuen Herausforderungen unflexibel bis hilflos sein werden – was nicht im Sinne der Gemeinschaft ist – und sehr wahrscheinlich auch nicht im Sinne von denen, die diesen Ansatz verfolgen.

Daher muss die Bewahrung des Alten durch die Betonung der Sachlichkeit ergänzt werden, da sonst die Bewahrung des Alten dazu führt, dass neuen Problemen nicht in der ihnen angemessenen Weise begegnet werden kann.

§ 10.6

Das ideale Recht – das hier „Naturrecht" genannt wird – sollte daher Raum für die konservative Grundhaltung schaffen, aber zugleich auch Platz für die notwendigen Neuerungen bieten.

11. Weltbürgerlich

Ohne Tatkraft geschieht nichts. Also: Freiheit für die Tatkraft!
Doch Freiheit in einem geregelten Rahmen.

§ 11.1

Was ist Recht?

Es gibt die Ansicht, dass kollektive Probleme nur durch neue kollektive Systeme bewältigt werden können. Dazu werden neue Gesellschaftsformen erforscht und proklamiert und danach gestrebt, sie auch in dem Recht der Staaten zu verankern. Zentrale Werte sind dabei „Nachhaltigkeit", „Menschenrechte" und „internationale Kooperation", und der zentrale Bezugspunkt ist bei diesen Bestrebungen oft die UNO oder andere multinationale Organisationen. Diese Weltsicht und die auf ihr beruhende angestrebte Rechtsform ist der Standpunkt des Weltenbürgers. Innerhalb dieser Weltsicht ist die UNO bzw. eine weiterentwickelte UNO mit erweiterten Kompetenzen das wichtigste und wirksamste Instrument für das Überleben der Menschen auf unserem Planeten.

Dies ist der Ansatz, der alle Schwierigkeiten von etwas Neuem her, das das gesamte Alte zu etwas Besserem verwandelt, angeht. Daher propagiert dieser Ansatz die Meinungsfreiheit, das Versammlungsrecht, das Recht auf Gemeinschaftsbildung, die Förderung von Erfindungen und Therapien, die Entwicklung neuer politischer Systeme und die Bildung von Netzwerken, in denen Universitäten, Forschungsinstitute und Top-Erfinder weltweit zusammenarbeiten.

§ 11.2

Ist das so richtig und vollständig?

Wenn Recht so gesehen wird – wie zum Beispiel von Teilen der Grünen, aber auch der FDP – ergibt sich daraus, dass globale Probleme durch globale Institutionen mit globaler Macht geregelt werden.

§ 11.3

Das ist ein durchaus nachvollziehbarer Wunsch.

Doch daraus ergibt sich auch ein Nachteil: Eine solche zentrale Institution – wie z.B. die UNO – hätte eine sehr große Macht, die nicht durch andere Institutionen kontrolliert werden kann. Es gäbe keine echte Gewaltenteilung mehr – zumindest besteht die Gefahr zu solch einer Entwicklung. Allerdings besteht diese Gefahr auch innerhalb eines jeden Staates und letztlich in jeder Art und Größe von Gemeinschaft.

§ 11.4

Folglich führt dieser Ansatz noch nicht zu einem idealen Zustand in der Gemeinschaft.

Außerdem erfordert dieser Ansatz das Finden eines Ausgleichs zwischen Individualität und Globalisierung – nicht nur zwischen dem Einzelnen und der Menschheit, sondern auch zwischen einzelnen Kulturen und der Menschheit. Der Verlust der eigenen Kultur ruft regelmäßig kollektive Identitätskrisen in dem betroffenen Volk hervor. Daher wird dringend ein funktionsfähiges, organisches Modell des Verhältnisses zwischen dem Individuum, der Familie, der Sippe, der Kultur, dem Volk, dem Staat und der Menschheit als Ganzes benötigt, das auch durch ein globales Recht abgesichert sein sollte. Sonst wird dieses „kollektive Globalrecht" nur bedingt effektiv wirksam sein können.

§ 11.5

Es ist abzusehen, dass die Abläufe in der Gemeinschaft bei diesem Rechts-Ansatz dominant, bevormundend und gleichmachend sein könnten – was nicht im Sinne der Gemeinschaft ist – und sehr wahrscheinlich auch nicht im Sinne von denen, die diesen Ansatz verfolgen.

Daher sollte jedes global gültige Recht so zugeschnitten werden, dass Raum für

individuelle Lösungen und für die Bewahrung der kulturellen Eigenheiten berücksich-
tigt wird, da sonst die Ziele, die durch dieses Globalrecht erreicht werden sollen, so
sehr behindert werden könnten, dass ein Erreichen dieser Ziele unmöglich wird.

§ 11.6

Das ideale Recht – das hier „Naturrecht" genannt wird – sollte daher Raum für die
Bewältigung globaler Probleme schaffen, aber zugleich auch die Individualität der
Einzelnen und der verschiedenen Kulturen berücksichtigen und sie schützen.

12. Global

♓

***Die Erde ist ein organisches Ganzes. Also: Rettet das Leben auf der Erde!
Doch über dem Blick auf das Ganze sollte der Blick auf das Detail nicht
vernachlässigt werden.***

§ 12.1

Was ist Recht?

Es gibt die Ansicht, dass das Recht die lebendige Welt widerspiegeln und sie erhalten sollte. Der Einzelne ist aus dieser Sicht mit allem verbunden und sollte daher auch auf das Ganze bezogen handeln – der Einzelne erlebt sich als Teil des Ganzen. Er lässt sich von dem Ganzen tragen: Vertrauen. Er trägt das Ganze: Verantwortung. Dieser Rechts-Ansatz ergibt zwangsweise die Förderung eines ökologischen, nachhaltigen Verhaltens in allen Bereichen. Ein implizites Ziel dieses Ansatzes ist das Erreichen des Weltfriedens.

Dies ist auch der Ansatz, der die Erde als einen lebendigen Organismus („Gaia") ansieht. Aus dieser Sicht heraus werden auch alternative Heilmethoden (Homöopathie, Akupunktur u.a.) erforscht. Innerhalb eines so geprägten Weltbildes sind auch Religion, Glauben und Spiritualität sehr wesentlich, aber sie werden grundsätzlich als Privatsache angesehen, also nichts, wozu man gezwungen werden könnte.

§ 12.2

Ist das so richtig und vollständig?

Wenn Recht so gesehen wird – wie zum Beispiel von Teilen der Grünen – ergibt sich daraus, dass nach der Erhaltung der Erde als Ort für die Menschen, Tiere und Pflanzen gestrebt wird. Die Erde mit allen Lebewesen auf ihr wird als unsere Heimat angesehen, weshalb nach dem Wohlergehen von allen Lebewesen auf der Erde gestrebt wird.

53

§ 12.3

Das ist ein durchaus nachvollziehbarer Wunsch.

Doch daraus ergibt sich auch ein Nachteil: Wenn man das Gemeinschaftswohl als ausschließliches oberstes Rechtsgut ansieht, ergibt sich daraus, dass sich alle dem Gesamtwohl unterordnen müssen. Solch eine Sicht könnte auch zu einer Öko-Diktatur führen. Natürlich ist dies zunächst einmal nur ein Schlagwort von Leugnern der Klimakrise und Gegnern von globalen Regelungen, aber jedes Prinzip, das zum alleinigen obersten Prinzip erhoben wird, wird zwangsläufig zu einem harten Zwang und somit zu einem Unrecht: „Summum ius summa iniuria.“

§ 12.4

Folglich führt dieser Ansatz noch nicht zu einem idealen Zustand in der Gemeinschaft.

Außerdem ist es zwingend notwendig, das Erreichen der globalen Ziele durch detaillierte Maßnahmen zu ermöglichen, denn „Menschen stolpern nicht über Berge, sondern über Maulwurfshügel“.

§ 12.5

Es ist abzusehen, dass die Abläufe in der Gemeinschaft bei diesem Rechts-Ansatz zu einer zentralen, einheitlichen und weltweit alles regelnden Organisation werden könnten – was nicht im Sinne der Gemeinschaft ist – und sehr wahrscheinlich auch nicht im Sinne von denen, die diesen Ansatz verfolgen.

Daher müssen diese globalen Ziele in ihrer Umsetzung den jeweiligen Staaten und Kulturen angepasst werden, da sonst das Erreichen dieser Ziele unwahrscheinlich wird.

§ 12.6

Das ideale Recht – das hier „Naturrecht" genannt wird – sollte daher Raum für globale Regelungen schaffen, aber zugleich auch die Individualität des Einzelnen, der Kultur und des einzelnen Staates achten und berücksichtigen.

Bücher von Harry Eilenstein

Magie für Anfänger
- Telepathie für Anfänger (60 S.)
- Telepathie für Fortgeschrittene (52 S.)
- Telekinese für Anfänger (52 S.)
- Analogien für Anfänger (56 S.)
- Omen und Orakel für Anfänger (52 S.)
- Lebenskraft für Anfänger (60 S.)
- Meditation für Anfänger (56 S.)
- Kundalini für Anfänger (100 S.)
- Hypnose für Anfänger (56 S.)
- Kampfmagie für Anfänger (172 S.)
- Auto-Movement für Anfänger (56 S.)
- Chakra-Magie für Anfänger (148 S.)
- Astralreisen für Anfänger (56 S.)
- Astrologie für Anfänger (120 S.)
- Astrologische Quadrate für Fortgeschrittene (72 S.)
- Partnerhoroskope für Anfänger (100 S.)
- Silberschnüre für Anfänger (52 S.)
- Zaubersprüche für Anfänger (60 S.)
- Ritual-Magie für Anfänger (56 S.)
- Mandalas für Anfänger (68 S.)
- Geldzauber für Anfänger (56 S.)
- Liebeszauber für Anfänger (52 S.)
- Invokationen für Anfänger (52 S.)
- Evokationen für Anfänger (60 S.)
- Geister für Anfänger (52 S.)
- Elfen für Anfänger (56 S.)
- Magie-Forschung für Anfänger (140 S.)
- Magie-Romantik für Anfänger (60 S.)
- Selbsterkenntnis für Anfänger (52 S.)
- Einweihungen für Anfänger (60 S.)
- Drogen-Kabbala für Anfänger (216 S.)
- Zahlensymbolik für Anfänger (60 S.)
- Die Sprache des Mondes – für Anfänger (116 S.)
  Zaubergesänge für Anfänger (100 S.)
- Zukunftschau für Anfänger (60 S.)
- Schamanismus für Anfänger (52 S.)
- Schwitzhütten für Anfänger (52 S.)
- Magische Gegenstände für Anfänger (68 S.)
- Übertragungen für Anfänger (68 S.)
- Zaubertränke für Anfänger (64 S.)
- Magie-Gesten für Anfänger (252 S.)
- Da'ath-Magie für Anfänger (64 S.)
- Magie-Heilungen für Anfänger (68 S.)
- Kornkreise für Anfänger (348 S.)
- Feng Shui für Anfänger (96 S.)
- Tao für Anfänger (112 S.)
- Magie für Anfänger – Sammelband   I (696 S.)
- Magie für Anfänger – Sammelband II (664 S.)
- Magie für Anfänger – Sammelband III (580 S.)
- Magie für Anfänger – Sammelband IV (700 S.)
- Magie für Anfänger – Sammelband   V (676 S.)
- Magie für Anfänger – Sammelband VI (640 S.)

Magie
- Handbuch für Zauberlehrlinge (408 S.)
- Wie man das Pentagramm-Ritual zum Leben
  erweckt (308 S.)
- Tarot (104 S.)
- Physik und Magie (184 S.)
- Die Synthese von Physik und Magie (200S.)
- Die Magie-Formel (156 S.)
- Schwarze Löcher in der Magie (56 S.)
- Krafttiere – Tiergöttinnen – Tiertänze (112 S.)
- Schwitzhütten (524 S.)
- Mythen und Magie der Harfe (116 S.)
- Drei Adeptus Major Rituale (192 S.)
- Drei Adeptus Exemptus Rituale (120 S.)
- Zwei Infans Abyssi Rituale (128 S.)

Traumreisen
- Traumreisen zu Heilpflanzen (700 S.)
- Traumreisen zum kabbalistischen Lebensbaum (132 S.)

Meditation
- Der Lebenskraftkörper (230 S.)
- Die Chakren (100 S.)
- Das Chakren-System mit den Nebenchakren (296 S.)
- Organe und Chakren (64 S.)
- Die platonischen Körper in den Chakren (156 S.)
- Meditation (140 S.)
- Drachenfeuer (124 S.)
- Kundalini I (676 S.)
- Kundalini II (672 S.)
- Reinkarnation (156 S.)
- einsgerichtet (140 S.)

Astrologie
- Astrologie (496 S.)
- Photo-Astrologie (428 S.)
- Die astrologischen Aspekte (88 S.)
- Horoskop und Seele (120 S.)

Kabbala
- Kursus der praktischen Kabbala (150 S.)
- Eltern der Erde (450 S.)
- Blüten des Lebensbaumes:
    1. Die Struktur des kabbalistischen
       Lebensbaumes (370 S.)
    2. Der kabbalistische Lebensbaum als
       Forschungshilfsmittel (580 S.)
    3. Der kabbalistische Lebensbaum als
       spirituelle Landkarte (520 S.)
- Logik und Wirkung der Analogie (700 S.)

Eilenstein, Frater V.D., Knecht, Büdenbender
- Magie heute – Berichte aus der Praxis (288 S.)

Büdenbender, Eilenstein
- Chaos, Alk und Magic (436 S.)

die „Anfänger"-Reihe
- The Synthesis of Physics and Magic (192 p.)
- Telepathy for Beginners (60 p.)
- Telepathy for Advanced Learners (52 p.)
- Telekinesis for Beginners (56 p.)
- Life Force for Beginners (76 p.)
- Kundalini for Beginners (104 p.)
- Astral Projection for Beginners (60 p.)
- Meditation for Beginners (60 p.)
- Prophecy for Beginners (60 p.)
- Ritual Magic for Beginners (64 p.)
- Magic Chant for Beginners (108 p.)
- Invocations for Beginners (52 p.)
- Evocations for Beginners (62 p.)
- Auto-Movement for Beginners (60 p.)
- Elves for Beginners (56 p.)
- Hypnosis for Beginners (56 p.)
- Love Magic for Beginners (52 p.)
- Money Magic for Beginners (60 p.)
- Magic Objects for Beginners (64 p.)
- Shamanism for Beginners (52 p.)
- Chakra-Magic for Beginners (148 p.)
- Language of the Moon – for Beginners (128 p.)
- Self Knowledge for Beginners (60 p.)
- Da'ath-Magic for Beginners (64 p.)
- Astrology for Beginners (112 p.)
- Number Symbolism for Beginners (64 p.)
- Mandalas for Beginners (76 p.)
- Crop Circles for Beginners (344 p.)
- Feng Shui for Beginners (96 p.)
- Magic Research for Beginners (140 p.)
- Magic for Beginners – Anthology I (636 p.)
- Magic for Beginners – Anthology II (616 p.)
- Magic for Beginners – Anthology III (684 p.)
- Magic for Beginners – Anthology IV (580 p.)

Eilenstein, Frater V.D., Knecht, Büdenbender
- Living Magic (261 S.) (= „Magie heute")

sonstige englische Ausgaben
- The Biography of the Devil (140 S.)
- The Synthesis of Physics and Magic (192 S.)
- The Chakra-System with the Minor Chakras (304 S.)